LIRE DANS L'ÂME

D'UNE COMMÈRE

Eugénie Ngague

SOMMAIRE

PRÉFACE

Le besoin qu' éprouve l'être humain de rentrer en relation avec autrui est fondamental. Chacun de nous devient un acteur social dès qu'il arrive dans ce monde. Tout au long de la vie, l'homme interagit socialement avec ses semblables. Les relations interpersonnelles naissent, évoluent, se brisent, se reconstruisent avec nous et, autour de nous.

Nous pouvons ainsi constater qu'il existe des personnes qui s'entendent et se comprennent mieux avec certaines qu'avec d'autres.

Nous tenterons, ici, de vous partager la vision d'un phénomène répandu qui influence de façon significative nos liens sociaux. *Lire dans l'âme d'une commère* aidera à dépasser l'émotion, et à regarder la commère de l'intérieur. Cette habileté nous permettra de devenir des acteurs plus conscients et avertis de la relation interpersonnelle.

Je remercie ma famille pour leurs encouragements à me rendre au bout de cet ouvrage. Je remercie particulièrement ma mère, pour sa volonté à me libérer de certaines obligations, afin que, je trouve le temps d'écrire chaque jour un peu plus. Sans oublier, tous ceux qui m'ont un jour dit une parole stimulante pour ce projet.

« Les grands esprits discutent des idées, les moyens esprits discutent des évènements et les petits esprits discutent des gens »

Eleanor Roosevelt

INTRODUCTION

Ce contenu voit le jour à la suite d'une réflexion approfondie sur l'essence des problèmes relationnels. Cet effort d'analyse m'a semblé une nécessité au moment où, j'ai fait le constat qu'à plusieurs reprises, lorsque je m'entourais de personnes, par le biais d'une association, d'un regroupement de femmes ou d'un cercle d'amis, l'entente et l'esprit d'équipe de départ laissait tôt ou tard la place aux commérages et aux ragots. Par la suite, ces derniers finissaient patiemment et efficacement par détruire ce qui avait été préalablement construit. Le nouvel état d'esprit qu'apportait le commérage, finissait par paralyser l'action saine et positive, menant les uns et les autres vers une sorte de cynisme social. Je comparais souvent les ambiances d'avant et après, les différents acteurs sociaux s'en trouvaient changés et méfiants. Pour ma part, je dois avouer que, lorsque j'en ai été victime, la dureté de certains propos m'a profondément transformée. J'ai essayé d'en tirer le plus de bien possible, mais hélas les conséquences négatives existent et peuvent être dévastatrices.

Il s'agit ici d'un phénomène qui, très souvent, peut avoir plusieurs synonymes dans une seule langue. Parmi les nombreuses cultures de notre monde, il est connu pour être générateur des pires maux au sein d'un groupe social. Nous ne l'avons peut-être jamais avoué, mais chacun de nous a certainement déjà pratiqué du commérage. Nous avons déjà parlé dans le dos d'une connaissance, d'un membre de la famille, d'un collègue... Où qu'il soit à travers le monde, quelque soit son niveau d'éducation, ou son origine, l'être humain se livre souvent à cette pratique, bien que les motivations intrinsèques ne soient pas toujours les mêmes pour les uns et les autres.

Il arrive qu'on cherche avec frénésie à parler à quelqu'un pour lui confier une anecdote récemment entendue. Grande peut être notre déception lorsque la personne ne répond pas au téléphone ou n'est pas joignable. Tout aussi grand peut être notre soulagement lorsqu'on réussit enfin à révéler la nouvelle... Bien évidemment, il existe des personnes plus intenses que d'autres dans la manifestation de ce comportement. Il y en a qui le font une fois de temps en temps autour de la machine à café au bureau, lors d'une rencontre familiale annuelle. Cependant, il existe aussi des personnes reconnues dans des groupes restreints ou élargis comme étant des sources d'informations croustillantes. Elles se plaisent à assumer ce rôle et recherchent avec avidité des informations à répandre. Il nous vient, chacun à l'esprit, des personnes qui, étonnament, sont toujours au courant de ce qui se passe dans la vie des autres.

Peu importe la fréquence, l'intensité et la forme que prend le commérage, nous nous entendons sur le fait que commérer rime avec hypocrisie tout autant qu'avec curiosité. Le premier étant, à première vue, un défaut et le deuxième une qualité qui s'est transformée en défaut. Hypocrisie parce que la commère ne souhaite généralement pas que la victime soit au courant de ses propos, ou du moins qu'elle apprenne qu'ils viennent d'elle. Curiosité parce que ce ne sont pas toujours des faits qui impliquent directement la commère, mais son intérêt à ce sujet est sans équivoque. Ce comportement, si répandu et si familier, a pourtant des conséquences qui peuvent varier, ici et là : atteinte à la réputation, perte de confiance en soi, sentiment de trahison... Cela peut se rendre plus loin, entraînant des conséquences telles que la perte d'emploi, l'isolement social et familial ou même le suicide. Malgré la laideur de tels agissements, il est difficile d'arrêter de parler dans le dos des autres; le commérage peut être tellement ancré dans notre être profond qu'il devient alors une seconde nature.

Dans le cadre de ce partage, nous tentons de démystifier ce comportement et de le comprendre afin de développer les mécanismes nécessaires pour en freiner les effets.

CHAPITRE 1

Qu'est-ce que le commérage ?

Selon le dictionnaire Larousse, le terme commérage signifie : propos de commère, bavardage malveillant, ragot. Il peut aussi être défini en tant qu'un bavardage indiscret et teinté de malveillance.

On dira aisément que c'est le fait de rapporter des histoires et des informations, vraies ou fausses, au sujet des autres dans le but de semer la division, l'insatisfaction, la colère, ou de changer la perception que l'autre a d'autrui. Voici quelques-uns des synonymes dans la langue française : ragot, bavardage, médisance, débinage, cancan, potin, dénigrement, diffamation, vilipendage…

Il faut toutefois établir une différence entre le fait de parler d'une personne et le fait de médire d'une personne. Généralement, la différence se situe dans le caractère secret et vicieux de la médisance. Lorsqu'on parle simplement de quelqu'un, on ne serait en rien dérangé si la personne arrivait sans prévenir. Au contraire, les protagonistes de la médisance s'arrangent pour le dire à tout le monde, sauf à la personne indexée. Même lorsque la victime est informée du contenu diffusé, les sources (les personnes médisantes à l'origine) sont très souvent difficiles à repérer.

Il est cependant établi qu'on ne peut faire du commérage tout seul dans son coin, sans aucune interaction avec personne. Le commérage se fait au moins à deux. Il faut un auditoire direct ou indirect (virtuel). Ainsi, il est important d'éclaircir le fait que, tous les participants consentants au commérage font du commérage. La personne qui écoute avec intérêt sans réagir est complice du commérage au même titre que celle qui raconte, épice et alimente les ragots. Dans un contexte de groupe, la personne ou les personnes qui ne veulent pas y participer peuvent, pour sauver leur appartenance au groupe, se contenter de rire des histoires racontées, d'écouter ou de renchérir de temps en temps avec étonnement. « Ah ouais ? » « Pour vrai ? » « Ah, je ne savais pas ! » La triste réalité est que, chacun à leur façon, ils participent bel et bien aux cancans; tous les acteurs ne jouent pas le même rôle dans un film, mais ils figurent tous au générique !

La soi-disant véracité des informations communiquées donnent souvent une légitimité à l'action : « Je vous assure que c'est une personne de sa famille qui me l'a dit ! » ou « Je l'ai vu moi-même de mes propres yeux ! ». En règle générale, des propos dénigrants qu'on dit être fondés sont perçus de façon positive. Les commères se défont alors de tout problème de conscience et peuvent être plus cruelles et intransigeantes dans leur posture car, disent-elles, c'est « la vérité ! ». Elles clament alors leur intention de vouloir faire du bien à ceux à qui elles l'annoncent. Elles deviennent des sauveurs, celles grâce à qui on fera désormais plus attention à telle ou telle personne. Elles se présentent comme des personnes qui nous permettront d'avoir des comportements préventifs vis-à-vis de celle sur qui portent les ragots. La commère devient une sorte de détentrice de la vérité sociale, qui, par ses seules paroles, décide de qui est digne de confiance et qui ne l'est pas, qui est fréquentable et qui ne l'est pas. Le message sous-entendu de la médisance est souvent : « Moi je le dis parce que je ne suis pas comme cela » et « Je vous le dis à vous parce que je pense que vous êtes comme moi »...

Le commérage se nourrit du malheur des autres. Les mauvais coups des autres, leurs tristesses et leurs difficultés sont souvent mis en gras et, de façon paradoxale, leurs bons coups sont passés sous silence. On serait tenté de croire que le médisant n'est pas au courant des bons coups, mais ne nous y trompons pas, « il sait tout ! ». Toutefois, il choisit de ne pas en tenir compte. Une sorte d'ignorance intentionnelle de tout ce qui est positif chez la personne pour ne ressortir que le négatif. Malheureusement, le négatif a la mauvaise habitude de prendre trop de place et d'attirer sur lui toute l'attention, même lorsqu'il est tout petit.

S'il s'avère que les ragots peuvent contenir des faits réels, il est important de noter que les commères aiment inventer ou agrémenter à leur façon les histoires qu'elles racontent. Malheureusement, d'autres personnes vont souvent faire le relais de ces mensonges, faisant en sorte qu'ils se propagent comme une traînée de poudre. À la fin de la journée, on a de la peine à croire que cela peut ne pas être vrai tellement tout le monde chante le même refrain. Les enseignants nous diront que, le fait de voir un mot écrit de la mauvaise façon sur les copies d'examen de la plupart des élèves va souvent les amener, malgré leur certitude de la bonne orthographe, à aller vérifier au cas où l'erreur ne viendrait pas des élèves. L'expression « il n'y a pas de fumée sans feu » vient aider la conscience de ceux qui, même sans preuve, veulent continuer de croire qu'il y a du vrai dans ce qu'ils ont entendu. Force est de constater que cette expression est commune chez ceux qui n'ont pas encore eu la douleur d'expérimenter la diffusion d'un mensonge au sujet de leur personne ou d'une personne qu'ils aiment. Pire encore, lorsqu'un peu de vérité est mêlée à un peu de mensonge, il est difficile de discerner le vrai du faux. Les commères les plus rusées utilisent d'ailleurs à bon escient cette stratégie.

Observons de plus près les personnes qui aiment répandre des ragots. Nous remarquons sans difficultés que plusieurs d'entre elles disent très peu de choses fondamentales ou importantes sur elles-mêmes. Certaines de ces personnes utilisent la stratégie du « Je t'en dis sur moi, alors tu m'en diras sur toi en premier »; par la suite, lorsque la personne en face est mise en confiance, l'étau se resserre. Elles développent des habiletés spectaculaires à se retrouver dans la cour des autres. Même lorsqu'on essaie d'orienter la conversation vers elles, elles parviennent habilement à s'en tirer sur le dos des autres. Pire encore, les personnes commères peuvent parler de leurs bons coups sans grande difficultés dépendamment du contexte, mais en ce qui a trait à leurs peines, leurs défis, et leurs points faibles, c'est l'omerta. On dit souvent d'elles que les faits de leurs propres vies sont les seuls secrets qu'elles sont en mesure de garder.

Aux premiers abords, les personnes qui aiment les ragots peuvent être très gentilles, serviables, prêtes à rendre service et à donner de leur temps pour les autres. Au départ, on se sent en sécurité et choyé près de ces personnes. Toutefois, on se rend compte très vite que nous ne sommes, non seulement pas les seuls « choyés », mais aussi que, nous leur avons fourni les meilleures munitions contre nous; qui, très souvent, ont déjà été transmises à d'autres personnes dans l'entourage. Les informations qu'on pense anodines peuvent être retournées contre nous à des moments et dans des contextes où on s'y en attend le moins. Le type d'informations qu'on leur avait fournit va souvent modeler la relation avec nous. Plus elles nous tiennent par la nature des informations qu'elles détiennent, moins elles nous donneront de l'attention et du respect. Quelquefois, elles peuvent même se transformer au point de nous révéler une personnalité qu'on n'avait pas soupçonnée au départ.

CHAPITRE 2

Qu'est-ce que le commérage n'est pas?

Le fait de parler de commérage peut en mêler plus d'un ou même en culpabiliser certains, lorsqu'ils souhaitent poser un acte normal qui n'est en réalité pas du commérage. Regardons ensemble les comportements qu'on ne doit pas assimiler au commérage et surtout, gardons en tête le mot intention.

Dénoncer

Il est important de ne pas faire culpabiliser les personnes qui font des dénonciations de bonne foi. En fait, dénoncer signifie alerter les autorités ou des personnes, sur des faits qu'on a la conviction d'être des délits. Il arrive qu'on constate ou qu'on ait l'impression qu'une personne, enfant ou adulte, subit des traitements inhumains, de la violence physique ou verbale. Dans ces cas, il est important et recommandé de dénoncer, d'en parler dans le but d'aider. Par exemple, nous constatons qu'un monsieur essaie d'arnaquer des personnes âgées en demandant leurs numéros de carte de crédit. Devons-nous en parler ? Oui, Mais aux bonnes personnes. À celles susceptibles d'évaluer la situation et d'agir pour la protection des victimes... Répandre la nouvelle comme s'il s'agissait d'une conviction serait du commérage. Toutefois, en parler aux autorités compétentes serait un acte responsable. N'oublions pas que, malgré nos fortes convictions, il peut y avoir une explication à laquelle nous n'avions jamais pensé. Alors, le fait de s'adresser aux autorités compétentes pour évaluer la situation est primordial.

Faire une plainte

Lorsqu'on pense être discriminé, ou qu'on croit que nos droits n'ont pas été respectés, il est tout à fait normal de faire une plainte. Cette démarche a pour but de se faire dédommager ou de réclamer une réparation. Nous conviendrons qu'avec la réalité de nos systèmes judiciaires, ce n'est pas la voie la plus simple et la moins dispendieuse. Toutefois, c'est la voie de la raison. Les témoins d'une situation de non-respect des droits ou, ceux victimes d'une pratique spécifique peuvent, également, porter plainte sous certaines conditions. Dans plusieurs cas, les plaintes vont permettre l'amélioration des services ou la remise en question des façons de procéder. Il n y a donc pas lieu de se culpabiliser quant au fait de porter plainte si cette dernière est basée sur des faits réels et vécus.

Témoigner devant un tribunal

Dans un tribunal, le témoin est supposé posséder des renseignements importants pouvant éclairer et orienter la prise de décision finale. Dans certains cas, certains témoins peuvent même se voir contraints d'aller donner leur témoignage dans une cour de justice. L'important, dans un tel contexte, est d'agir de bonne foi. On n'a pas le droit d'inventer des réponses lorsqu'on n'est pas certain. Les fonctionnaires de justice vous en diront davantage, à cette étape. Gardons simplement en tête qu'il faut toujours agir au mieux de ses connaissances, sans en rajouter ou se laisser influencer.

Demander des conseils

Il peut arriver qu'on vive une situation au travail, dans la famille et qu'on ait besoin des conseils avisés d'autres personnes. Lorsque le conseil ne peut vraiment pas se donner sans qu'on ne dévoile certains détails, il est approprié de s'ouvrir et d'en parler; du moment qu'on a pris la peine de sélectionner nos conseillers comme il se doit (personne de confiance, personne dont la relation a été éprouvée avec le temps, personne dont on ne doute point des sentiments, personne neutre, ou personne non impliquée auprès des acteurs de la situation). Il est difficile d'avancer dans cette vie sans demander conseil. On ne sait pas tout et l'on doit apprendre pour aller de l'avant. Toutefois, si en demandant conseil il faut donner des détails qui vont révéler la vie d'un tiers, on devrait prendre le temps de choisir judicieusement les personnes auxquelles on se confie.

Dans chaque catégorie de conseils requis, il est important pour cela d'identifier des personnes qui ont eu du succès dans ce domaine et de sélectionner, parmi ces dernières, celle la mieux placée pour nous donner le conseil dont on a besoin.

Donner son avis face à une situation

Donner son avis lorsqu'on nous le demande ou lorsqu'on le croit profitable est une attitude saine. Il faut que l'avis soit donné avec l'intention d'aider, de supporter et d'édifier la personne. Qu'il ne s'agisse pas d'un avis teinté de malice ou d'une volonté de nuire ou même, de blesser un tiers. Il faut pouvoir répéter son avis devant les personnes absentes concernées et avoir des raisons logiques qui motivent un tel avis. De plus, il est important que l'avis soit dénué de perceptions. Ou du moins, lorsqu'il y en a, qu'il soit expliqué sur la base de faits concrets et réels.

CHAPITRE 3

Les contextes d'apparition et manifestations

Le fait de parler dans le dos des autres peut survenir dans n'importe quel contexte de la vie. Dès lors qu'il y a une interaction humaine, le phénomène est susceptible d'apparaître. Regardons toutefois ensemble des contextes particuliers dans lesquels tout être humain, indépendamment de sa volonté, peut se voir faire du commérage ou en être victime.

La cellule familiale

La famille ! C'est ce qu'on a souvent de plus précieux au monde. C'est la source de notre équilibre, la structure vers laquelle on se tourne lorsque les choses vont mal. C'est la raison pour laquelle, les coups provenant de la famille sont ceux qui nous font le plus mal et qui nous marquent le plus.

Chez les plus jeunes enfants, il n'est pas rare d'observer déjà des rivalités qui font appel à des stratégies de commérage candide. On peut observer, un enfant, essayer de discréditer un autre qu'il croit plus aimé et choyé des parents ou des adultes. Certains enfants, qui se voient fréquemment comparés à d'autres, vont développer des sentiments d'animosité ou d'envie envers leurs cousins, frères et auront tendance à les saboter lorsqu'ils le pourront. Plus jeune, j'avais une amie qui était une élève plutôt moyenne en contexte scolaire. Elle avait perdu ses parents très tôt et vivait avec sa tante et les enfants de cette dernière. Sa tante la traitait avec amour, mais avait le défaut de vanter les mérites scolaires de son fils aîné très brillant, au détriment de mon amie d'école. Il faut dire que la tante était elle-même une enseignante et valorisait la réussite scolaire. Cependant, mon amie développait, avec le temps, une sorte d'animosité envers son cousin. Cela allait même pour des affaires qui n'avaient rien à voir avec les études. Je n'ai jamais eu l'impression que la tante soupçonnait une telle antipathie; mais, moi qui connaissait les deux, l'avais remarqué. La journée où le cousin faisait quelque chose de pas correct à la maison, j'étais certaine d'en être informée par mon amie qui avait du mal à dissimuler sa joie lors de telles occasions. Une fois, le cousin a eu une mauvaise note en mathématiques. Mon amie a attendu qu'on soit en groupe pour lancer : « C'était triste chez nous hier, le génie s'est planté en mathématiques ! ». À peine nous nous étions retournés pour la regarder avec étonnement qu'elle rajouta : « Au moins, sa mère va comprendre que son fils aussi peut avoir ce genre de notes ». Bien que nous étions plus jeunes, nous sommes tous restés figés par un tel commentaire et personne n'a pu renchérir. On n'avait jamais réalisé à quel point elle vivait mal la situation. En me remémorant cette histoire, j'espère vivement qu'aujourd'hui, sa relation avec son cousin, et même avec sa tante, s'est améliorée; car, le moins que l'on puisse dire est qu'elle était mal partie...

La jalousie est un sentiment humain; mais, lorsqu'on ne parvient pas à la maîtriser, elle peut s'avérer dévastatrice, même dès la plus tendre enfance. À l'âge adulte, la médisance devient plus subtile, mais plus virulente.

Dans certaines cultures, les rôles sociaux attribués par le droit d'aînesse peuvent être plus nuisibles que bénéfiques. Dans ces contextes, la parole d'un aîné peut se substituer à la parole sacrée des parents. On peut ainsi observer des abus entretenus par la crédibilité accordée à l'aîné; des histoires inventées mises sur le dos des plus jeunes; des aînés ou des adultes qui s'arrangent pour présenter un portrait négatif des plus jeunes. Ces derniers ne peuvent en aucun cas se défendre et doivent vivre avec cette image d'emprunt.

Dans d'autres contextes par contre, les plus jeunes peuvent user de leur statut de dernier et possiblement d'enfants choyés pour rallier à leur cause le reste de la famille. Sur la base des commérages, certaines personnes se voient souvent isolées ou victimes d'actes de méchanceté au sein des familles.

La famille élargie, incluant notamment cousins, tantes et oncles, peut être le théâtre d'enjeux complexes. Dans certaines d'entre elles, on grandit avec un sentiment d'inimitié entretenu envers certaines personnes. La source du conflit peut avoir une origine lointaine que les plus jeunes générations ignorent, bien qu'elles aient été formatées à la haine. Dans de telles situations, le commérage est utilisé comme une arme de destruction rapide. On peut ainsi voir des personnes qui ne se fréquentent plus, ne se parlent plus, parcequ'elles ne peuvent plus s'endurer. Tout ce gâchis parceque l'un avait entendu que l'autre avait dit...

Plusieurs continuent néanmoins de se fréquenter, mais, avec hypocrisie et malice; chacun profitant des moments de rencontres pour accumuler des éléments à charge contre l'autre membre de la famille. Dans de tels environnements, ils se sourient tous; c'est ce que j'appelle des sourires commerciaux, mais, en réalité, ce sont les jeux olympiques de la médisance qui se jouent dans le dos des uns et des autres. Les relations deviennent alors très calculées, dignes d'une partie d'échec. La progéniture est souvent un auditoire de ces commérages et s'avère être une relève sur laquelle les plus vieux peuvent compter.

Le changement de statut social heureux ou malheureux d'un groupe, d'une personne, et la perte d'un être cher, sont autant de choses qui peuvent faire ressortir brusquement les cancans dans une famille. Les moments de retrouvailles sont pour certains l'occasion de parader et d'exposer leur réussite, alors que pour d'autres, ce sont des moments de tortures où l'on n'aura pas le choix de voir que l'autre a réussi. Dans ce type de famille, les moments de rassemblement vont diviser plus qu'ils ne vont resserrer des liens. Les personnes se jugent et il n'est pas rare d'entendre des propos du genre :

Il se prend pour un autre,

Même s'il a de l'argent, il mourra aussi,

Une bande de jaloux qui souhaitent que j'échoue,

Des misérables qui passent leur temps à m'extirper de l'argent ou des services...

Il arrive que le jeu du commérage devienne tellement complexe que les dons, les promesses, les cadeaux soient utilisés de façon stratégique et malsaine. Dans la famille, la médisance peut prendre des formes variées et entraver profondément et définitivement des relations.

Le milieu scolaire

Nous avons tous déjà été dans une cour d'école, dans une cantine scolaire, ou simplement dans une salle de classe. S'il est clair qu'il est difficile de tenir des jeunes enfants ensemble sans qu'il n'y ait de conflits, il est tout aussi clair qu'en grandissant, plusieurs de ces conflits vont emprunter le chemin des ragots. Les amitiés se font et se défont au rythme des faits divers. L'école est un lieu où les rumeurs circulent de façon spectaculaire. Le secondaire est étrangement très touché par ce phénomène qui, souvent, va aboutir à des situations d'intimidation, dont l'impact et la gravité peuvent être sérieux. Est-ce la période de maturation du secondaire qui en fait un lieu névralgique du commérage ? Difficile d'y répondre avec certitude. Toutefois, il en résulte que cette forme de violence amène des blessures, aussi bien physiques, émotionnelles et sociales, que les victimes peuvent traîner toute leur vie. Plus jeune, lorsque je faisais ma première année du secondaire, j'avais une camarade de classe qui était tout le temps en récréation avec un garçon de l'école. Je l'avais remarquée sans émoi jusqu'au jour où une autre camarade s'est approchée de moi, pour me faire remarquer qu'ils étaient toujours ensemble dans la cour de récréation. Elle ajouta : « Je pense qu'ils sortent ensemble. Je lui répondis : Ah oui? » Et elle me dit : « J'en suis certaine, je les vois souvent rentrer ensemble ». Elle s'éloigna. Quelques minutes plus tard, je transmettais fidèlement l'information à la prochaine fille que je rencontrais sur mon chemin. Il était à peu près 10h du matin. Vers 15h de la même journée, l'école au complet était au courant. Au point où les concernés l'étaient aussi. Cette journée-là, j'ai expérimenté un sentiment que je n'avais jamais connu par le passé. Je regrettais profondément d'avoir été impliquée dans ce que j'ai identifié, plus tard, comme une chaîne de commérage. J'étais déçue par moi-même et je l'ai davantage été lorsque j'ai appris qu'il y avait un lien de parenté entre eux, ce qui justifiait qu'ils rentraient des fois ensemble... Cette journée-là, j'ai tiré une des leçons les plus significatives de ma vie. Heureux pour moi ! Mais, il n'en demeure pas moins vrai que, les victimes ont vécu des moments pénibles. Que la vérité ne s'est certainement pas propagée au rythme du mensonge, car une semaine plus tard, certains amis à l'école étaient encore convaincus de la véracité de la fausse information. Et même si cela avait été vrai, pensons-y; quel bien leur aurions-nous fait en propageant une telle nouvelle ?

Les victimes d'intimidation subissent généralement les méfaits de la médisance. On répand des rumeurs à leur sujet, alors, les jeunes de l'école commencent à se méfier de ces personnes, et à leur répéter certaines paroles et insultes. Elles sont, par la suite, harcelées de toutes parts et peuvent recourir à des solutions extrêmes comme le suicide pour y mettre fin. De plus, il y a quelques années, le commérage à l'école était davantage restreint à l'espace scolaire. De nos jours, les médias sociaux facilitent la propagation des ragots et amplifient la violence des propos, ainsi que les impacts chez les jeunes victimes. Plusieurs causes de violence physique sont ainsi liées à la médisance entre jeunes.

Les victimes les plus ciblées peuvent présenter des profils différents. Elles ont toutefois en commun le fait d'avoir des particularités que les autres n'ont pas. Elles peuvent être enviées à cause de leur popularité, différentes par leur apparence, ou vulnérables en raison de leurs limitations.

Le milieu du travail

Pour ceux qui sont sur le marché du travail, vous avez certainement dit ou entendu dire que le monde du travail est cruel. Cette perception du milieu dans lequel nous passons la majeure partie de notre temps éveillé est justifiée par la dureté des coups qui y sont donnés. C'est un milieu compétitif, exigeant et contraignant. La perception des pairs et la réputation y jouent un rôle primordial.

Dans notre société québécoise, la réputation est l'ingrédient incontournable qui va favoriser ou pas la confiance et les responsabilités que l'on peut attribuer à un individu. Généralement, dans le monde du travail, lorsqu'on veut se débarrasser d'un collègue, l'on passe par des atteintes à la réputation très subtiles. Le but étant de répandre le plus possible des idées néfastes sur la personne. Le stratagème réussit lorsque l'information ne vient plus d'une seule personne, mais de plusieurs personnes en même temps; car dans l'imaginaire populaire, le fait que plusieurs personnes répètent la même information donne à cette dernière une crédibilité insoupçonnée. Ainsi, le collègue Max qui n'aime pas Yoan va s'arranger pour répandre une rumeur auprès de Jean, Anthony et Mike. À partir de là, lorsque tous la répèteront, cette information deviendra plus crédible. Elle le sera d'autant plus si, les commères sont les plus anciennes dans le milieu de travail et jouissent d'une confiance établie. Souvent, plus l'emploi est précaire, plus intenses sont les situations de commérage. Un employé en probation, par exemple, est exposé à subir beaucoup de pression et peut être épié au quotidien, à la recherche d'une faille. Les collègues qui ont la confiance de l'employeur, compte tenu de leur ancienneté, veulent être certains d'avoir la bonne personne. Le nouveau sera alors placé dans des conditions de stress intenses sans qu'il puisse se défendre de quoi que ce soit, car, la crédibilité revient entièrement aux employés qu'on connaît déjà. Ainsi, dans plusieurs contextes, les seuls commentaires d'un supérieur ou d'un collègue peuvent nous donner congé. Il faut se le dire : autant cette façon de faire peut protéger un employeur et l'empêcher de recruter un mauvais employé, autant ces ragots peuvent être utilisés comme stratagème, pour se protéger d'un nouveau suffisamment brillant pour éclipser notre génie. Au même titre que, le nouvel employée qu'on ne trouve pas assez sympathique. Les ragots vont bon train autour de la machine à café et les alliances stratégiques créent des foyers de rumeurs de toutes les natures. J'ai été, dans un emploi, en position d'autorité d'un groupe composé majoritairement de jeunes intervenantes. L'une de ces jeunes femmes avait une forte personnalité, et une apparence qui ne plaisait pas vraiment à ma boss à moi, qui était en réalité la supérieure à nous toutes. Ma chef m'a fait remarqué plus d'une fois que la jeune femme avait une apparence qui ne cadrait pas avec le travail qu'elle faisait. Une remarque que je trouvais pertinente. Pendant plusieurs semaines, la jeune femme s'est efforcée avec succès de corriger son apparence. Il lui restait tout de même deux tatouages visibles dont j'imagine, qu'il était difficile de se défaire du jour au lendemain. Quelques semaines plus tard, ma patronne revenait à la charge en me rappelant qu'elle n'était certainement pas à la bonne place. Je lui ai expliqué que, personnellement, j'avais remarqué qu'elle avait changé la quasi-totalité des choses qu'on lui reprochait. Certes, il lui restait deux tatouages mais ceux-ci n'avaient pas vraiment d'impacts négatifs dans le contexte de son travail. De plus, sur le plan de son rendement, c'était la personne sur laquelle on pouvait toujours compter. Je lui fis constater que, lorsque j'arrivais tôt le matin, la seule employée que je trouvais déjà sur place, c'était elle. Ces explications n'ont pas eu le mérite de convaincre ma supérieure qui, du jour au lendemain, avait remplacé le nom de l'employée par « la fille aux tatous ». À chaque fois qu'elle voulait parler d'elle, elle ne disait plus son nom mais plutôt « la fille aux tatous ». Ce qui ne manquait pas de faire pouffer de rire au passage ses interlocuteurs et de susciter des discussions vives sur des sujets connexes. J'imagine trop bien la perception que cette appellation inspirait à ceux qui ne la connaissaient pas assez. Pour ma part, j'ai rarement travaillé avec une personne aussi dévouée.

La médisance au travail peut donc très vite prendre la forme du harcèlement psychologique. Chacun essaie d'éprouver la victime à sa façon. La série de petits tests, qui se fait souvent à l'insu de la victime, a pour but de tester la véracité des informations reçues. Autrement dit, cela peut se comprendre, sans toutefois se justifier. Malheureusement, il s'agit aussi souvent de piéger la victime afin d'avoir la confirmation de l'information reçue. L'on arrête alors, seulement, lorsqu'on a enfin pu obtenir la preuve qu'on cherchait, quitte à pousser l'employé déjà stressé par un tel harcèlement à commettre une faute. Souvenons-nous que, dans le jeu du commérage, plus on est subtil et intelligent, moins ça paraît comme du commérage, car il devient difficile d'aller cerner les intentions. Par ce biais, ces atteintes à la réputation sont très efficaces lorsqu'il s'agit de tuer une carrière.

Les amis

Plus jeune, on avait l'habitude de chanter les récits de nos livres de lecture. Je me souviens d'un texte qui traitait de l'amitié et qui disait d'elle qu'elle enivre le cœur, le réjouit et le réchauffe. Si l'amitié saine et vraie existe bel et bien, il faut reconnaître que les amitiés sont souvent le théâtre de médisances sous toutes leurs formes. Plusieurs personnes s'appellent amis, se considèrent comme amis mais ne prennent pas le temps de se demander ce que cela signifie pour elles, ou pour celles qu'elles considèrent comme tel. On n'a généralement pas la même perception du concept d'amitié. Prenez la peine de demander à cinq personnes autour de vous trois critères importants qu'elles attribuent à l'amitié dans des contextes de vie particuliers, et vous serez surpris de la diversité des points de vue. De plus, même lorsque nos perceptions de l'amitié se rapprochent, le degré d'amitié n'est pas toujours le même entre les individus. Il est donc important d'évaluer fréquemment nos niveaux d'amitiés réciproques et de s'ajuster en conséquence.

Prenons l'exemple d'une amitié entre Paul et Martin, qu'on évaluera sur une échelle de 1 à 10. Une année après qu'ils soient devenus amis, Paul considère que son amitié pour Martin se situe à 5/10 et Martin évalue la sienne à 4/10. À ce stade, on peut dire qu'il y a un équilibre dans la relation et que les deux amis s'ajustent bien l'un à l'autre en termes de confiance, de temps passé ensemble, de partage et d'attentes de l'un envers l'autre.

Deux ans plus tard, nous demandons aux deux amis qui continuent d'entretenir cette relation d'évaluer à nouveau leur niveau d'amitié. Paul est resté à 5/10, alors que Martin est rendu à 8/10. Ajoutons, pour mieux contextualiser, que Paul a eu de nouveaux amis entre temps, qu'il s'est fiancé et qu'il a un travail qui lui prend du temps. Ajoutons, aussi que, Martin a été une année à l'étranger pour son travail et qu'il a trouvé cette expérience assez difficile pour décider de revenir travailler au Québec. L'écart s'est cependant creusé dans la perception qu'ils ont chacun de leur amitié. Ainsi, le temps consacré l'un à l'autre, le support et la confiance de l'un et de l'autre se sont de plus en plus éloignés. Les attentes de l'un et l'autre ne seront, par conséquent, pas les mêmes. Si ces derniers ne prennent pas le temps de s'ajuster et d'essayer chacun de faire des concessions pour se rapprocher, il est fort probable que cette amitié en prenne un coup. Martin devrait diminuer ses attentes vis-à-vis de Paul et Paul devrait faire un effort pour donner plus de temps et d'attention à son ami Martin. Sinon, bonjour les incompréhensions et les attentes non comblées!

Il arrive que des amitiés se tissent autour d'un enjeu ou d'un problème commun, auquel les personnes doivent faire face. Elles peuvent aussi se construire autour d'une aide apportée à une personne à un moment où elle était vulnérable. Il est important de se définir comme ami indépendamment de ces situations et de prendre le temps de bâtir une relation saine en dehors de l'enjeu initial. Lorsque ce n'est pas le cas, les personnes se disent amies, alors qu'elles ne le sont pas en réalité et sont simplement solidaires d'une cause commune. Il s'agit donc d'un contexte qui déséquilibre les rapports et qui peut facilement ouvrir la porte aux potins, aux ragots. Ceci s'expliquant par le fait que, la solidarité, la confidentialité et le respect mutuel qu'exige une relation d'amitié saine n'ont pas été construits. On entendra alors des discours du genre : « Je te prenais pour un ami alors qu'il n'en était rien. » « Je t'ai soutenu dans des moments difficiles et toi tu n'as pas pu le faire à ton tour. » « Je t'ai confié ma vie et toi tu en as parlé à tous »...

Deux amies se côtoyaient depuis des années. Elles étaient très proches aux yeux de leur entourage. Un jour, l'une qu'on va appeler Mia était chez la deuxième, qu'on nommera Léa. Le téléphone de Mia a sonné plusieurs fois dans son sac sans qu'elle ne puisse répondre, car elle était occupée à faire une tâche. Par la suite, Mia se leva et alla aux toilettes. À son retour, à sa grande surprise, son téléphone était sorti du sac et déposé sur la chaise proche de Léa. Ce qu'elle fit remarquer à cette dernière qui lui répondit qu'elle s'était assise sur son téléphone et qu'elle l'avait enlevé pour éviter qu'elle s'asseye à nouveau dessus. Bien entendu, Mia n'a pas cru un seul mot de ce que lui disait sa bonne amie, mais elle n'a pas eu la force de réagir. Elle venait simplement de comprendre que la personne qu'elle avait perçu durant des années comme étant son amie n'en était pas une. Elle savait qu'une amie véritable ne pouvait pas fouiller dans le téléphone de l'autre à son insu; le film de leur amitié lui défilait à l'esprit lorsqu'elle réalisa qu'il y avait eu des précédents qu'elle n'avait juste pas voulu voir, et que, plusieurs médisances et attitudes des amis communs à son égard qu'elle ne s'était jamais expliquée étaient liées à celle qui était encore son amie récemment...

Sans condamner ou juger l'une comme l'autre, nous pouvons simplement constater que ces deux personnes n'étaient plus au même niveau d'amitié depuis longtemps. L'une d'elle ne l'avait simplement pas encore réalisé, ce qui lui donnait un désavantage et l'exposait aux coups bas, à la médisance et aux gestes déloyaux.

Les réseaux sociaux

Le phénomène des réseaux sociaux est venu amplifier et aggraver le commérage en lui-même, mais aussi les effets de ce dernier. L'illusion de liberté derrière un clavier d'ordinateur ou de téléphone fait voler en éclat les scrupules et les réserves qu'on peut avoir face à la personne concernée. La facilité avec laquelle les nouvelles se répandent sur la toile réjouit les plus vicieux dans l'art de médire. En peu de temps, une information peut faire le tour de la planète et détruire la vie de n'importe quel individu, peu importe le statut et la crédibilité dont il bénéficiait. Le fait que les détails des vies des individus soient exposés sur la toile légitime le fait que des inconnus rentrent dans des vies et y installent leur matériel de camping. Certains y campent jusqu'à ce qu'ils soient convaincus d'avoir accompli leur mission de destruction. Les réseaux sociaux révèlent que l'être humain a un besoin fondamental d'être apprécié et envié. D'un autre côté, l'expression de ce besoin révèle qu'il arrive qu'il supporte mal que quelqu'un d'autre soit envié et apprécié à sa place. Comment comprendre par exemple, que, les fervents défenseurs de la discrétion sur les réseaux sociaux soient des fois, ceux qui, dès qu'ils en ont l'occasion, vont trouver le moyen d'officialiser leurs réussites par le même biais ? La stimulation psychologique du virtuel, nourrit par l'auditoire possible, a tendance à mixer la personnalité de l'individu et l'acteur qui someille en chacun.

Nous avons déjà tous assisté à des lynchages sur la toile. Qu'il s'agisse de la vérité ou de mensonge, des familles sont ébranlées, des vies sont détruites, des mariages sont rompus, en dehors de la toile en raison de la médisance sur la toile.

En analysant le phénomène, le commérage réussit à établir une certaine hiérarchie sociale. Les liens sociaux établis au travers de la médisance permettent de déterminer le dominant et le dominé d'un groupe. Le dominant est souvent celui qui salit le plus les autres ou celui qui a un réservoir à potins. Il établit ainsi une sorte de peur chez les autres qui espèrent ne pas se retrouver dans le rang de ses victimes. Un certain respect, davantage motivé par la crainte et la méfiance, s'installe alors vis-à-vis du dominant.

Dans l'autre sens, les ragots permettent aussi de déconstruire une hiérarchie déjà établie pour en établir une nouvelle. Ainsi, le respect donné au dominant sera transféré à un autre par la violence et la dureté des potins. Le nouveau dominant va davantage susciter la méfiance et plusieurs membres du groupe social feront des alliances stratégiques avec ce dernier pour éviter d'en devenir des victimes. Pendant ce temps, d'autres, dont l'ancien dominant, s'attèleront à chercher les faiblesses du nouveau dominant dans le but de revenir au pouvoir, de reprendre le pouvoir perdu. Sur les réseaux sociaux, cette surenchère est d'autant plus perceptible que les impacts sont immédiats. Il existe une socio stimulation dans la médisance de groupe, soit la tendance à surenchérir à qui a le meilleur potin, l'information la plus récente et la plus croustillante.

Le fait que, sur les réseaux sociaux, on peut voir ou écouter les potins, les détails de la vie des individus sans être vu, dans le confort de sa maison, renforce la curiosité malsaine et procure un plaisir certain à ceux qui écoutent sans être impliqués. Sous le prétexte de se distraire avec les nombreuses publications, on devient complice de commérage et on participe à l'encourager à notre manière.

CHAPITRE 4

Qu'est ce qui nous pousse à manifester un tel comportement ?

Les raisons pour lesquelles les individus se livrent au commérage sont multiples. Dans le cadre de notre analyse, la liste est non exhaustive. Toutefois, regardons ensemble quelques-unes d'entre elles.

Les profils narcissiques

Sans parler de trouble de personnalité, cela fait référence aux personnes qui ont des traits narcissiques prononcés dans leur caractère.

Elles ont souvent une très haute perception d'elles-mêmes au détriment des autres. Elles peuvent répandre des commérages dans le but de rabaisser les autres et de se valoriser. Pour ces personnes en quête de reconnaissance, la médisance n'est qu'une stratégie pour se mettre de l'avant et éliminer toute concurrence. Ce sont ces personnes qui, au moment où tout le monde apprécie un aspect ou une action d'un individu, vont venir nuancer cette perception. Ils sortiront un scoop qui va détourner l'attention des qualités de la personne pour se concentrer sur son défaut. Par exemple, lors d'une conversation au cours de laquelle on admire une personne et qu'on souligne son apport ou son talent dans un domaine précis, vous entendrez quelqu'un lancer en plein milieu de la conversation : « Mais je le connais, c'est d'ailleurs moi qui l'avais aidé à avoir son premier appartement. » Ou « Il commençait à peine dans son métier quand moi j'étais déjà un cadre. » Ou encore « Cette fille est sortie il y a quelques années avec un jeune que je connais très bien. Je me souviens d'ailleurs qu'il l'avait lâchée pour une autre... » Le scoop vient ainsi nuancer la perception qu'on avait de la personne et ramener l'attention sur le narcissique. Il satisfait donc son besoin de se sentir supérieur et meilleur que les autres. Vous remarquerez d'ailleurs que, si malgré le scoop l'on continue de parler en bien de la personne, le narcissique cherchera à changer plusieurs fois le sujet de conversation. S'il n'y parvient pas, il quittera le lieu du débat et, quelquefois, cherchera à s'attaquer aux personnes qui admirent l'autre en minant leur crédibilité.

Le vide intérieur

Le manque d'estime de soi et de confiance en soi est à l'origine du vide intérieur mis en cause chez les personnes commères. Certains ragots servent à se donner, du moins pour le rapporteur, une contenance intérieure. Le regard que les autres lui posent lorsqu'il dit des ragots, la crédibilité que cela lui confère ou l'attention qu'on lui porte le nourrit. Avez-vous déjà remarqué qu'il y a des personnes qui agissent de façon très différente lorsqu'elles se savent regardées par d'autres ? Il arrive qu'elles parlent d'une façon particulière et nouvelle, qui étonne même les individus qui les connaissent depuis longtemps. Ce type d'attitude sert souvent à se donner du contenu devant des spectateurs ponctuels. C'est comme un acteur circonstanciel qui veut faire passer un message précis, mais qui utilise un canal qui n'a rien à voir avec ce qu'il dit ou fait. Prenons l'exemple d'un patron qui vous crie dessus, précisément au moment où son ami est présent. Ceci dans le but de transmettre un message de grandeur et de pouvoir qu'il a sur les autres à ce dernier et certainement pas à vous. Dans ce contexte, vous êtes un pion, une victime ou un outil pour atteindre un but non avoué. Ce sentiment qui incite les personnes à utiliser ce type de subterfuge est le vide intérieur auquel nous faisons référence. Il peut nous amener à rabaisser quelqu'un d'autre par le biais de la médisance.

D'autres individus animés par le même vide intérieur sont très occupés à connaître, écouter les commérages et les détails de la vie des autres, même si ce n'est pas directement elles qui répandent les ragots. Ces personnes sont consolées et apaisées par les mauvaises nouvelles qu'elles entendent sur la vie des semblables. Elles dorment mieux la nuit par le fait de se rendre compte que, d'autres ont des problèmes parfois plus graves que les leurs. Ce sentiment leur permet d'accepter leur propre situation plus facilement. Vous remarquerez que ce type de personne n'attend pas que les ragots viennent à elles. Elles les cherchent avec avidité et acharnement, comme un étudiant qui travaille fort pour avoir son diplôme. Elles sont d'ailleurs exposées à des sentiments de déprime et d'insatisfaction lorsqu'elles n'arrivent pas à trouver des échecs dans la vie des autres, pour se consoler en se disant que, finalement, ce n'est facile pour personne...

Dans un tel contexte, la médisance peut être le symptôme d'une détresse profonde. D'un mal-être destructeur que la personne essaie d'apaiser par son comportement, la plupart du temps inconsciemment. Le mal est ici difficile à déraciner si la personne concernée n'identifie pas la cause profonde de son attitude et, ne prend pas la décision ferme de changer.

La compétition versus l'inspiration

Dans la vie, la plupart des actes que nous posons sont inspirés de ce qu'on a déjà vu autour de nous. Le vêtement que je porte, je peux l'avoir vu sur une actrice ou dans un catalogue. Je suis inspirée par le look d'une amie, alors je m'habille de la même façon. Le phénomène de mode survit d'ailleurs grâce à cette tendance à reproduire ce qu'on a déjà vu. Il est important de souligner qu'on peut être inspiré par tout, autant par le négatif que le positif. Des fois, le fait qu'un proche fasse quelque chose peut nous amener à comprendre que c'est possible et nous donner la force de suivre son exemple. Un camarade d'université peut avoir été recruté dans une multinationale et cela peut nous inspirer à y déposer notre cv à notre tour. Un ami peut avoir acheté un beau loft au centre-ville et cela nous donne envie d'en posséder un nous aussi. C'est comme cela qu'on avance dans la vie et il est sain, voire même essentiel, d'être inspiré par quelqu'un.

Par contre, lorsque les personnes qui nous inspirent sont proches de nous, la frontière entre l'inspiration et la compétition est très mince. Déjà, lorsque la source d'inspiration est dans notre entourage et de notre âge, il faut être doté d'une grande honnêteté intellectuelle pour se l'avouer à soi-même ou, pire encore, l'avouer à quelqu'un d'autre. Notre fierté et notre ego sont mis à rude épreuve; nous ne voulons aucunement perdre la face, ni donner à celui qu'on admire l'occasion de nous traiter au rabais. Le fait d'admirer un proche peut même susciter de la colère envers soi-même et de l'animosité face à la personne. Vous êtes-vous déjà senti mal à l'aise face au succès de quelqu'un tout en rêvant secrètement d'être à sa place? Avez-vous la force de vous réjouir sincèrement du bonheur d'un proche? Oui, d'un proche. Pas d'un inconnu mais d'une personne de votre entourage. Ce n'est pas toujours facile, dépendamment de notre histoire de vie. Il est toutefois, difficile de s'énerver longtemps contre soi-même. Encore plus difficile de s'en prendre à la vie qui ne nous fait pas autant de cadeaux qu'à un autre. Dans un tel contexte, lorsqu'on on ne sait pas exactement vers qui diriger sa colère, si l'on ne fait pas attention, on se surprendra à détester son héros et à compétitionner secrètement ou ouvertement avec lui.

Lorsque l'inspiration cède la place à la compétition, les gens vont alors agir différemment selon les personnalités. Il y en a qui vont s'approcher de la personne admirée pour savoir avec ruse comment elle fait. Ceci, dans le but de reproduire et de rentrer en compétition avec elle, lorsqu'ils auront obtenu ce qu'ils veulent. D'autres vont critiquer la personne par des motifs prétextés tout en essayant, de leur côté, de faire ce qu'ils admirent chez l'autre et lui prouver qu'elle n'est pas la seule à pouvoir le faire. Enfin, certaines personnes vont se replier sur elles-mêmes et affuter leurs armes afin de les utiliser à un moment opportun... La compétition malsaine et sournoise est souvent accompagnée de médisance. Le message aux autres est : la personne que vous admirez n'est pas si admirable que cela, alors le médisant fait tout en son pouvoir pour que les autres cessent de donner du crédit à cette personne pour ce qu'elle fait ou pour ce qu'elle est.

Deux bons amis d'enfance venaient de deux milieux sociaux complètement différents. L'un avait des parents aisés qui le mettaient à l'abri du besoin, et l'autre vivait dans des conditions plus modestes. L'ami fortuné prenait l'autre sous son aile et partageait beaucoup de ses privilèges avec son ami moins nanti. Il pouvait même demander à ses parents de payer une sortie à son ami parce qu'il voulait qu'ils soient ensemble. Des années plus tard, l'ami dont les parents étaient nantis a très vite eu des opportunités que l'autre n'avait pas. L'ami nanti a un jour vu une offre d'emploi dans la compagnie dans laquelle il travaillait. Il a aidé son ami, afin que ce dernier soit retenu au terme de ses entrevues. Ils étaient devenus amis dans la vie et collègues de travail. Il n'a pas fallu plus d'une année complète pour fragiliser cette belle amitié. L'ami dont les parents étaient moins aisés avait pris la peine de divulguer des faits compromettants sur la vie de son ancien ami dans la compagnie. Il rapportait aux autres que c'était par le pouvoir de ses parents qu'il avait ce poste et non pas par ses compétences. Il s'alliait désormais d'amitié aux personnes avec lesquelles son ami ne s'entendait pas... Ce n'était plus du tout la même personne. Le comportement de l'autre laissait croire qu'il avait toujours été en compétition avec son ami, mais n'avait pas encore les moyens de l'assumer ouvertement. Il a attendu d'être assez fort pour se manifester comme un compétiteur.

Moyen d'expression d'une frustration ou la vengeance

Il arrive qu'une personne soit mécontente d'une autre, ait été frustrée par une situation, et qu'elle ressente le besoin d'exprimer ses sentiments, et de déclarer qu'elle a été traitée de façon injuste. Le fait de s'exprimer sur une préoccupation, de se libérer d'un poids intérieur fait du bien psychologiquement et physiquement. Bien qu'il s'agisse d'un besoin légitime, la personne peut glisser inconsciemment ou même consciemment dans la médisance, lorsqu'elle ne s'adresse pas directement à la personne concernée ou qu'elle ne parle pas aux bonnes personnes. Combien de situations avons-nous vécu, au cours desquelles des personnes expriment leur mécontentement vis-à-vis de quelqu'un, mais n'ont jamais dit clairement à la personne ce qu'elles pensent ? Les mots d'une personne peuvent nous blesser. L'attitude d'une personne peut nous offusquer. Dans plusieurs de ces contextes, nous allons souvent réagir par la médisance. Lorsqu' on estime qu'on n'a pas intérêt à s'opposer à une personne dans l'immédiat, les ragots distillés dans le temps peuvent servir à assouvir une vengeance.

Les frustrations peuvent aussi survenir à la suite d'évènements tels que la perte d'un statut social, des difficultés avec ses enfants, dans son mariage... Ces personnes peuvent être frustrées de leurs échecs. Elles utilisent alors la médisance pour s'exprimer ou se justifier. On entendra souvent des phrases du genre :

-Si j'avais accepté certaines compromissions, j'aurais gardé mon poste comme certains...

-Ma patronne me faisait des avances, c'est parce que je n'ai jamais voulu céder qu'elle m'a viré.

-Ils parviennent à travailler autant parce qu'ils se droguent, sinon ils ne tiendraient pas la cadence.

Lorsqu'elle est causée par une frustration, la médisance peut être difficile à lier à cette dernière; surtout quand l'évènement qui a causé la frustration est passé depuis des mois, voire des années. C'est la raison pour laquelle il est parfois laborieux de comprendre l'acharnement de certaines personnes vis-à-vis de leurs semblables.

Dans un milieu de travail, un employé avait l'habitude de faire des déclarations qui ternissaient l'image d'une autre employée. Cependant, lorsque les deux se rencontraient, ils demeuraient chacun poli vis-à-vis de l'autre. Un jour, au cours d'une rencontre d'équipe à laquelle assistait l'employé, les personnes autour de la table sont arrivées à une résolution qui forçait celui-ci à appeler après la réunion, la collègue qu'il avait l'air de ne pas porter à cœur. Le monsieur a essayé d'apporter des solutions qui, bizarrement, permettaient d'éviter cet appel. La décision du groupe a été autre; et, à un moment, l'employé a donné un dernier argumentaire qui a permis de comprendre la raison pour laquelle il évitait cette collègue. Il a dit qu'il était inconfortable à l'idée de travailler avec elle parce qu'il ne lui faisait pas confiance. « Pourquoi ne lui faites-vous pas confiance ? » lui rétorqua la chef d'équipe. Il répondit : « Il y a 8 ans, lorsque je débutais dans l'organisation, j'ai travaillé avec elle et elle a rapporté mes propos à une personne à l'extérieur de l'organisation, ce qui m'a mis dans l'embarras en tant que jeune professionnel que j'étais... »

Le besoin d'appartenance ou le besoin d'alliés

Le besoin d'appartenance à un groupe peut motiver le fait de participer à la médisance, en ce sens que, la personne qui ne dit rien ou qui ne participe pas au commérage dans un groupe suscite généralement la méfiance. Les autres se demandent ce qu'elle pense, ressentent de l'insécurité liée au fait qu'elle est susceptible de rapporter leurs discours. La personne qui se tait peut ressentir une pression implicite ou explicite qui la conduira à mettre son grain de sel dans la conversation, en rapportant ce qu' elle sait ou en faisant écho aux paroles des autres. Cette attitude est accueillie positivement par le groupe de commères qui répondent par une ouverture vis-à-vis du sujet. Les autres membres du groupe acceptent plus facilement l'adhésion du nouveau membre, lorsqu'ils savent dans quel camp le placer ou qu'ils ont des arguments permettant de l'inculper lui aussi en cas de problème. Chacun de nous a certainement déjà vécu une situation où, en arrivant dans une pièce ou dans un lieu, les personnes qui avaient l'air d'être engagées dans une vive discussion se taisent tout d'un coup, en laissant planer une ambiance embarrassante. Des fois, la personne qui arrive et qui devine de quoi pouvait être entrain de jaser le groupe essaie de donner son point de vue en dirigeant la conversation vers le sujet qui devrait, à son avis, permettre aux autres de l'inclure dans la conversation. Exemple : Thomas devine, en arrivant dans la pièce, qu'on parle du voisin d'en face. Thomas peut faire le choix de dire « Ah, mais le voisin, je le trouve quelque peu bizarre ces temps-ci. Je ne sais pas si c'est moi, mais son attitude me questionne. » Si, effectivement, c'est du voisin dont il s'agissait dans la conversation, les autres vont se sentir plus à l'aise d'ouvrir le débat avec lui. Après tout, ils ont désormais la même cible. Cette stratégie est malheureusement utilisée fréquemment pour se faire accepter par un groupe. Il n'est toutefois pas exclu que cette personne ait utilisé la même stratégie pour s'introduire dans un autre groupe auquel, curieusement, le voisin appartient.

Dans d'autres situations, il arrive qu'une personne ait besoin d'alliés pour la soutenir dans un projet, une initiative. Cette recherche peut motiver le fait d'user de ragots pour intéresser les personnes à son projet, et avoir la sympathie des futurs alliés. La personne qui vient nous révéler ce que les autres pensent et disent de nous a des chances d'avoir notre sympathie. Nous pouvons même avoir le sentiment de lui devoir quelque chose. Ainsi, la stratégie de la médisance fragilise la personne qu'on souhaite voir adhérer à notre cause. Elle a l'air d'être du côté de son interlocuteur et une alliance non écrite peut s'établir entre les protagonistes. Dans ces cas, il n'est pas étonnant de voir que, lorsque le but est atteint, les alliés d' hier se séparent ou deviennent des ennemis. Tout simplement parce que l'objectif de départ est atteint et qu'il n'y a plus aucun autre intérêt, ni affinité qui justifie de continuer de cheminer ensemble.

L'ennui

L'ennui est la base de plusieurs maux, dont la médisance. Quelquefois, on médit parce qu'on a rien d'autre à faire. On s'ennuie, la vie est monotone, alors on parle dans le dos des autres, de leurs vies, de ce qu'ils ont ou n'ont pas, de ce qu'ils font ou ne font pas. Cela peut arriver aussi à certaines personnes qui s'ennuient à la retraite, au chômage, durant un long congé, faute d'activités valorisantes. J'ai déjà rencontré des personnes qui, après le départ des enfants à l'école, s'installent au téléphone durant des heures pour des conversations orientées vers la vie des autres. Ne dit-on pas que les commères se servent du téléphone comme aspirateur pour accumuler toutes les saletés de leur environnement ? Le célèbre adage « Le travail éloigne de nous trois grands maux : le vice, le besoin et l'ennui » nous apprend qu'il s'agit d'un mal qui peut être à l'origine de plusieurs problèmes de société. Regardons autour de nous les activistes de la médisance. Combien de temps consacrent-ils à cette activité? Dans une journée, chacun de nous pourrait se demander combien de temps ai-je passé au téléphone à parler des sujets qui ne me concernent pas du tout ? Combien de temps ai-je passé sur les réseaux sociaux à traquer les nouvelles informations au sujet d'autres personnes ? Au bureau, de combien de temps est-ce que je prolonge mes pauses pour des potins ?... Faire cet exercice sur une semaine nous permettra de réaliser l'ampleur du phénomène. Ce qui est le plus complexe en ce qui a trait à l'ennui, c'est qu'on peut s'ennuyer en étant occupé. Un individu peut avoir un emploi, une famille mais s'ennuyer quand même au point de s'amuser davantage à fouiner dans la vie d'autrui plutôt qu'à travailler ou à s'occuper de sa famille.

Une dame avait une garderie en milieu familial. Elle avait en moyenne quatre enfants dont il fallait qu'elle s'occupe à temps plein. Elle ouvrait sa garderie à 6h et refermait à 18h, du lundi au vendredi. Après la fermeture, il fallait préparer les repas et nettoyer les jouets pour le lendemain. Il serait insensé de croire qu'elle pouvait s'ennuyer et pourtant, on avait du mal à s'expliquer le temps qu'elle passait au téléphone avec ses amis au point où les parents se plaignaient de la trouver toujours au téléphone, à raconter des potins, chaque jour qu'ils arrivaient à la garderie.

La projection

La projection est le fait de projeter consciemment ou inconsciemment chez les autres ses défauts; défauts qu'on ne veut pas que les gens remarquent, des traits de caractères enfouis en nous ou même la projection des choses qu'on a déjà faites par le passé et avec les poids desquels on vit. On les exorcise alors en les projetant sur autrui. On s'expliquera difficilement pourquoi quelqu'un dans notre entourage traque avec une grande énergie les personnes qui ont un défaut spécifique. L'histoire personnelle de l'individu peut nous surprendre de par la similitude de certains faits de sa vie avec le phénomène qu'il combat. Il était une fois, une dame dans la cinquantaine qui se plaignait constamment de voir des personnes consommer de l'alcool. Il ne s'agissait en rien de quantité. La consommation d'alcool en soi lui posait problème. Elle était alerte en ce qui s'agissait de détecter les consommateurs d'alccol et le disait systématiquement à l'entourage. Elle le présentait comme une faute grave et un acte répugnant. Un jour, agacé par son comportement, une personne lui a clairement demandé la raison de tels agissements.

Elle a fini par expliquer qu'elle avait vécu des histoires tragiques dans sa vie et que l'alcool avait été mis en cause à chaque fois. À partir de ce moment on comprenait mieux son attitude.

L'habitude

La simple habitude peut nous maintenir depuis des années dans une routine qui n'est pas forcément noble. Que faisons-nous par habitude sans plus se poser de questions en ce qui a trait à la pertinence de nos actions ? Ça fait des années qu'on se retrouve entre amis pour se raconter des potins, où est le mal ? Surtout si ça nous fait du bien et nous permet de sortir de temps en temps du quotidien. Nous avons l'habitude de fréquenter des personnes qui ont pour reflexe de critiquer tout ce qui se passe chez les autres. Nous avons l'habitude de parler du boss dès que celui-ci a le dos tourné. Nous avons l'habitude d'aller fouiller sur les réseaux sociaux pour savoir ce qui se passe dans la vie des autres. Nous avons l'habitude de nous moquer des faiblesses des autres. Nous avons l'habitude de rire du malheur des autres dans leur dos. Nous avons l'habitude de minimiser les succès des autres pour les rabaisser. Nous avons l'habitude de...

La nature prolixe

Les personnes bavardes de nature se retrouvent elles aussi souvent prises dans un engrenage de médisance sans s'en rendre compte, parce qu'incapables de marquer une pause, durant une conversation, pour se remettre en question. Le flux verbal est tel qu'on réfléchit peu avant de parler. On est inspiré par tous les sujets et on a un mot à dire à chaque fois pour capter l'attention de l'auditoire. Ces personnes connaissent très souvent les potins sur les personnes populaires. Elles monopolisent la parole, vont d'un sujet à l'autre sans transition et bonne chance pour les suivre. Elles donnent l'impression de tout connaître. Les rencontres familiales, les rencontres entre amis, les salles d'attente sont des scènes très intéressantes pour l'observation de ce type de personnalité. Ce profil d'individus se contredit beaucoup dans leurs discours, sans s'en apercevoir. Il arrive même qu'ils disent des choses dont ils n'ont tout simplement aucun souvenir l'heure d'après. Ainsi, lorsque vous les confrontez, ils sembleront souvent étonnés. Habituellement, soit ils ne s'en souviennent simplement pas, soit ils minimisent l'impact de leurs paroles et vous répondront que c'était juste une façon de parler. « Ce n'est pas vraiment ce que je voulais dire... »

Les contextes de triangulation

Dans les contextes d'amitié à trois ou à plusieurs, comme dans des petits groupes sociaux, des sous-groupes, le phénomène de la triangulation est très répandu. En contexte familial, par exemple, les enfants sont souvent assez vifs d'esprit pour savoir qu'en ce moment, maman est de bonne humeur « Je vais lui demander la permission de sortir plutôt qu'à papa ». Les familles recomposées sont le théâtre de ce phénomène. En contexte de travail, le fait de prendre une information chez x et d'aller la répéter à y sans la permission de x est fréquent. Des alliances se créent dans des contextes de triangulation, finissant par engendrer une victime et une personne qui tire son épingle du jeu.

À l'entrée d'une nouvelle personne dans un groupe, les membres du groupe peuvent l'accueillir avec beaucoup de chaleur et de joie; toutefois, avec le temps, tout cet enthousiasme peut s'éroder à force de ragots, au point de susciter les haines les plus farouches. Plusieurs des personnes qui se détestent le plus à cause des ragots qui leur sont revenus ont la plupart du temps été proches ou réunies par le passé.

La stratégie

La médisance et la stratégie vont souvent de pair. Lorsqu'une personne commence à médire d'une autre, il est souvent opportun de se demander quel intérêt a l'individu à ce qu'on perçoive la victime de cette façon? Il était une fois, deux amies qui se connaissaient très bien et s'entendaient à merveille. Une des deux avait une connaissance qui a fait un jour la rencontre de l'autre amie lors d'une cérémonie. Elles ont sympathisé. L'amie qui connaissait les deux a commencé à médire de sa connaissance chez sa vielle amie. En regardant la situation avec du recul, on se rendait bien compte que la jeune dame n'avait aucun bénéfice à ce que son amie côtoie sa connaissance. Elle n'avait pas intérêt que, ce qu'elle avait déjà fait savoir à son amie soit connu de sa connaissance...

Dans une entreprise, un jeune cadre a été recruté et devait être formé par un confrère qui avait plus d'expérience. Le jeune était talentueux et faisait du mieux qu'il pouvait pour passer sa période de probation. Le confrère a très vite compris que ce jeune représentait un danger pour lui et s'est attelé à transmettre sa perception du jeune au reste de l'équipe. Ce dernier n'a jamais passé sa probation...

La jalousie

Il est important de différencier la jalousie des causes qui précèdent, même si cette dernière peut se retrouver imbriquée dans chacune d'elle. Il s'agit d'un sentiment qui, malgré nos perceptions, n'est pas toujours négatif. Une femme qui veut son homme pour elle, et qui est jalouse de toute autre rôdant autour de son mari, peut tirer du positif de sa jalousie si elle sait en doser l'intensité et les moments de son expression...

Par contre, c'est un sentiment difficile à contrôler. C'est ce qui en fait un véritable danger. Lorsqu'il s'intensifie, il engendre en nous la colère, l'animosité, la méchanceté, la fourberie et l'hypocrisie. Lorsqu'on est mal à l'aise du fait que quelqu'un d'autre ait une chose qu'on n'a pas, on devient un danger pour la personne. Tout autant, lorsqu'on n'est pas content de voir quelq'un d'autre obtenir ce que nous avons déjà. Si on leur donnait des pouvoirs surnaturels pour une journée, plusieurs personnes, rendraient mendiants ou malades les individus qu'elles jalousent. Elles les ramèneraient à leur plus petite expression et pourraient même leur enlever la vie. Oui, heureusement pour l'humanité, il n'en est pas ainsi. À défaut de transformer les personnes qu'on jalouse en crapaud, on médit d'elles. On leur invente des vies, on expose leurs faiblesses, on s'assure de distiller dans l'âme des autres l'amertume qui nous anime à leur endroit. Il est important de noter que le jaloux s'affiche rarement au départ comme tel. La plupart du temps, une personne jalouse va l'être davantage en se rapprochant de la personne qu'elle jalouse. Ce sont parfois des personnes qui sont rentrées dans les vies de leurs semblables en chantant leurs louanges et en montrant beaucoup de gentillesse à leur égard. Mais avec le temps, elles se révèlent comme étant de pires ennemies. Celles-ci n'ont jamais été amies, ni au départ ni à la fin. Elles ont simplement utilisé la ruse pour atteindre leur objectif de nuisance.

CHAPITRE 5

Les implications

Dans la plupart des religions, le commérage est perçu comme une forme de criminalité qui consiste à tuer son frère, son ami, son collègue avec sa langue. Il s'agit sans aucun doute d'une pratique qui détruit aussi bien les individus que des familles, et des nations.

Sur le plan psychologique et moral, la victime du commérage subit une perte de confiance et d'estime de soi liée au fait que la commère rend accessibles à tous certains détails de sa vie. Le fait qu'elle n'a peut-être aucun pouvoir pour démentir les mensonges propagés à son sujet est encore plus dangereux. L'image que les autres ont d'elle est désormais différente. Certaines victimes mettent du temps à apparaître en public, à se remettre de l'impact des ragots et même que plusieurs d'entre elles ne s'en sortent jamais.

Il est commun d'entendre que, ce qui ne nous tue pas nous rend plus fort. Si l'adage est véridique, il n'en demeure pas moins vrai que l'amour, le respect, les victoires de la vie nous rendent encore plus fort. Nous pouvons ainsi, nous passer d'être fort au travers d'un lynchage public.

Bon nombre des victimes vont essayer d'envoyer à leurs détracteurs une image de force. Elles vont tenter de démontrer qu'elles ne sont pas affectées et qu'elles continuent d'être heureuses malgré tout. La bravoure du comportement ne nous révèle néanmoins pas les larmes versées en secret, l'amertume du ressenti et les nuits blanches passées à se demander ce qui justifie une telle cruauté. Ainsi, peu importe la réaction sociale affichée, la médisance nous atteint au plus profond de notre être et remet en question les acquis d'une façon brutale.

D'un autre côté, le commérage arrive inévitablement avec une garantie de conflits. Toute personne qui se livre au commérage se place dans une situation qui aboutira à un conflit direct et ouvert ou indirect et sournois. C'est certain qu'il est difficile de prendre dans ses bras et de donner des câlins à celui qui nous poignarde à chaque fois quand on a le dos tourné. Ces conflits nous exposent à vivre de gros chagrins, à expérimenter l'isolement social par la perte d'amis et à la difficulté à faire confiance aux personnes, et même à la perte de certains privilèges liés aux anciennes alliances.

Il faut avouer aussi qu'il est difficile de partir sur une page blanche avec une personne dont on a entendu parler d'une certaine façon. Souvent, l'on aborde la personne avec des appréhensions, des précautions liées à ce qu'on a entendu à son sujet. Nous avons juste à considérer les comportements en lien avec les préjugés sociaux ou raciaux. Nous comprendrons que, lorsqu'on a enregistré qu'une personne à un profil précis, nos mécanismes de défense rentrent en branle et nous n'agissons plus comme si on n'avait pas cette information.

La personne médisante vivra elle aussi des conséquences liées à ses actes. L'une des premières conséquences réside dans la réaction de la victime qui peut concomitamment rentrer dans la danse et déballer les secrets de son bourreau ou inventer des histoires sur ce dernier. Souvenons-nous que personne n'a une vie parfaite. Et même si c'était le cas, le commérage se nourrit aussi de mensonges.

D'un autre côté, la personne qui médit des autres peut être perçue comme une personne à qui on ne peut pas faire confiance, surtout dans des milieux sensibilisés à cela. Elle suscite davantage la méfiance, car l'on comprend très vite qu'on peut tous et chacun devenir sa victime. Les gens ont ainsi tendance à avoir des relations superficielles avec les commères en les tenant le plus loin possible de l'essentiel de leurs vies.

Dans nos lieux de travail, les impacts de la médisance sont dévastateurs. Le stress et l'anxiété au travail se voient augmentés par ce type de pratiques, ayant pour effet d'insécuriser les employés, de les rendre vulnérables, et moins productifs. La perception et les jugements altérés font en sorte que les gens sont constamment en réaction et non pas dans l'action. Les employés peuvent se renfermer sur eux-mêmes et devenir méfiants les uns des autres. Le climat de tension, et même de peur, créé par la médisance en milieu de travail augmente la probabilité de congé maladie, du roulement du personnel. Un emploi où l'on se présente à reculons n'est pas épanouissant. Un emploi où l'on doit surveiller tous ses faits et gestes, de peur d'alimenter les commérages, n'est pas de tout repos. Ces situations usent, fatiguent et affaiblissent. En bout de ligne, cela ne profite à personne. Ni aux employés ni à l'employeur, car la productivité devient secondaire à la survie. On travaille davantage à être capable de revenir le lendemain qu'à améliorer son rendement. Les pertes d'emploi surviennent par la suite puisque l'employeur finit par constater qu'il y a des manquements. À ce moment, il est difficile de dire si c'est l'effet des commérages ou le manquement apparent qui est la véritable cause de la rupture du lien de subordination.

Contrairement au milieu de travail ou aux amis, on ne choisit pas sa famille. Ainsi, on ne peut pas se contenter de démissionner comme pour un emploi. On doit très souvent vivre avec les conséquences de la médisance. Dans les familles, parler les uns dans le dos des autres rompt le lien de confiance sacré. C'est d'autant plus difficile à vivre que ça provient des personnes qu'on aime, avec lesquelles on a une histoire commune et pour lesquelles on est prêt à faire des sacrifices. Parler dans le dos d'un membre de la famille peut-être le signe que l'amour qui est supposé y régner n'existe plus. Car, il est difficile de commérer au sujet d'un être qu'on aime. Par amour pour son enfant, on va lui dire ce qu'on souhaite voir changer chez lui. On n'ira généralement pas en parler au voisin. La disparition des sentiments d'amour, de respect et d'entraide se manifeste par des commérages. Ces derniers peuvent envenimer la situation qu'on souhaite régler et créer un climat malsain de suspicion. On ne prend plus aucune parole au premier degré, on cherche des sous-entendus partout et pour tout. On soupçonne le mal à tort ou à raison dans tout comportement. Les échanges deviennent malsains. Chacun s'isole dans son coin et alors, on peut voir des frères qui ne se sont pas parlés depuis des années. Des parents qui n'ont pas de nouvelles de leurs enfants depuis des lunes. Des personnes qui évitent les rencontres familiales de peur d'y voir leur cousin, leur oncle ou leur tante.

Souvent, je suis particulièrement saisie des conséquences du commérage fait par des personnes en autorité. L'impact de ce dernier est réel mais tabou. La personne en autorité, qui jouit d'un certain respect et d'une crédibilité établie, détient un pouvoir plus grand auprès d'une plus large partie de la population, que Monsieur tout le monde. Lorsque ce pouvoir est exercé au travers du commérage, cela suscite des réactions de rejet collectif de la victime. Plusieurs se solidarisent en faveur de la personne détentrice du pouvoir, sans chercher à comprendre. Certaines informations dans les médias ne sont ni plus ni moins des formes de commérage. Lorsque le journaliste n'est pas passé au travers de tous les filtres que lui recommande l'exercice de sa fonction, il n'est pas rare qu'on assiste à des dérives. Ainsi, la diffusion d'une information erronée peut détruire très rapidement et très efficacement la vie d'une personne qui n'a pas à sa disposition la même logistique pour se défendre. C'est la raison pour laquelle il est important de se rappeler que l'histoire dépend de celui qui la raconte. Un allemand n'aura pas le même récit de la Deuxième Guerre Mondiale qu'un français. Pourtant, il s'agit exactement de la même guerre.

CHAPITRE 6

Qu'est ce qui permet au commérage d'avoir tant de succès chez nous les humains ?

Lorsque nous posons un acte en tant qu'être humain, nous nous attendons à en retirer un bien, quel qu'il soit. Même les personnes masochistes ont cet objectif en tête : elles s'assurent de se faire du bien au travers de la douleur. La perception du bien peut différer d'une personne à l'autre, parce que nous sommes différents, tous en quête perpétuel de notre bien. De ce fait, les comportements humains tendent à se répéter lorsqu'ils sont encouragés ou renforcés. Lorsqu'en posant un acte une fois, j'ai pu me faire du bien, je n'hésiterai pas à faire la même chose pour avoir la même sensation. Par contre, si une chose qui m'a faite du bien par le passé commence à me faire du mal, après un certain nombre de tentatives, c'est certain que je vais arrêter de faire cette action parce qu'elle a arrêté de m'être bénéfique. Cette réponse à l'action qui me satisfait et m'amène à la répéter s'appelle un renforçateur.

Les renforçateurs sont définis, en psychologie, comme tout ce qui augmente la probabilité d'apparition d'un comportement. Bon comme mauvais, le renforçateur va favoriser l'apparition de n'importe quel comportement chez tout être humain. Le renforçateur peut être matériel et tangible (argent, privilèges, poste), immatériel et abstrait (humiliation d'une autre personne, sourire, réputation).

Exemple 1 :

Un enfant ramène un bon bulletin à ses parents. Ces derniers lui donnent un câlin, lui offrent une sortie, lui achètent un jouet... le fait d'avoir donné une récompense à l'enfant est un renforçateur, car la récompense vient augmenter les chances que l'enfant continue de travailler fort pour avoir des câlins, des cadeaux et des sorties de ses parents.

Exemple 2 :

Un enfant fait une crise dans un magasin de bonbons parce qu'il veut se faire acheter un paquet avec des dessins de son héros préféré. Les parents, après 15 minutes de crise intense, décident d'acheter la paix en lui offrant le paquet tant réclamé. Ils se disent : après tout, c'est juste un paquet de bonbons. L'enfant, quant à lui, vient d'apprendre que pour obtenir quelque chose de ses parents, il n'a qu'à faire une crise le plus longtemps possible et il aura ce qu'il veut. Le fait de lui avoir donné ce paquet de bonbons dans cette situation et à ce moment précis devient un renforçateur pour l'enfant, car à coup sûr, il utilisera à nouveau ce comportement pour obtenir ce qu'il désire.

Exemple 3 :

Un jeune adolescent est fatigué et ne souhaite pas rester à son cours. Il se met subitement à bailler et le professeur, qui le remarque, lui propose de quitter le cours. Il lui dit, qu'il pourra reprendre la fin du cours à une période de récupération. Le fait que l'enseignant lui ait permis de sortir vient d'augmenter la probabilité pour que ce jeune se mette à bailler afin qu'on lui permette de ne pas assister à un cours s'il en ressent le besoin dans l'avenir.

Les exemples ci-dessus impliquent des plus jeunes, mais le même mécanisme fonctionne pour les adultes. Dans le domaine du commérage, il existe donc des éléments qui font perdurer ce type de comportement dans le temps.

- Parler dans le dos des autres m'a permis de me faire de nouveaux amis.

- Parler dans le dos des autres m'a permis d'avoir la promotion que je convoitais.

- Parler dans le dos des autres m'a permis d'éviter d'être incriminé dans une situation embarrassante.

- Parler dans le dos des autres m'a permis de me débarrasser de la concurrence dans mon domaine.

- Parler dans le dos des autres m'a permis de détourner l'attention sur quelqu'un d'autre et d'éviter l'embarras.

- Parler dans le dos des autres m'a permis d'avoir des faveurs d'une personne.

- Parler dans son dos m'a permis de la voir triste et malheureuse pendant une bonne semaine.

Ce sont ici quelques illustrations de renforçateurs possibles qui multiplient de façon exponentielle le risque qu'on fasse exactement la même chose dans une autre situation dans l'espoir d'avoir les mêmes avantages, c'est-à-dire de se faire du bien. En identifiant le renforçateur, on peut prévenir le commérage en donnant à la personne le type de privilèges qu'elle recherche, sans qu'elle ait besoin de passer par la destruction de notre image pour y arriver. Si, par exemple, une personne cherche notre attention en racontant des histoires en lien avec notre vie, il est préférable de lui donner cette attention autrement. Nous devons éviter de lui donner notre attention après les ragots, car c'était justement le but de son attitude et on l'y encourage en lui répondant favorablement. Pour certaines personnes, le simple fait de leur répondre est en soi la plus grosse paie qu'elles puissent avoir. Savoir l'identifier aiderait la victime à stopper l'engrenage.

CHAPITRE 7

Comment réagir et en minimiser les impacts?

On n'est pas toujours au courant de ce qu'on dit dans notre dos. Si personne ne nous en a jamais parlé ou si nous ne décelons pas de changements dans l'attitude des personnes autour de nous, nous restons dans l'ignorance. Il faut toutefois avouer que la plupart du temps, ça vaut mieux ainsi!

Cependant, lorsque la victime finit par être au courant de ce qui se dit, ce n'est pas toujours évident de savoir comment réagir, à quel moment réagir et par quels moyens réagir. On se doit de se demander aussi s'il est opportun et de notre intérêt de réagir publiquement. Ce n'est pas facile en tant qu'être humain de gérer ce type de situation. Surtout lorsqu'on ne s'y attend pas ou que cela provient des personnes à qui on a un jour fait confiance. Il est important de souligner que, peu importe la réaction qu'on peut avoir, peu importe à quel point on essaie de prouver sa bonne foi ou son innocence, il est impossible de faire l'unanimité. Même s'il arrive que nous parvenions à identifier la personne à l'origine de nos soucis, il faut reconnaitre que, lorsqu'un individu n'a pas d'affinité avec nous ou ne nous aime pas, il est difficile de lui faire changer de perception.

Comme nous l'avons déjà expliqué, lorsqu'on pratique la médisance, il existe une cause qui nous pousse à le faire. Il existe concomitamment une paie que la commère reçoit, qui lui permet de continuer à sévir. Ainsi, dans les contextes de médisance, sans s'aliéner ou renier ses valeurs, on doit identifier et agir sur deux facteurs (la cause et la paie) et par la suite sur un troisième facteur, soit l'image sociale. Il existe des causes sur lesquelles on peut agir plus facilement que d'autres. Il est toutefois important d'essayer d'identifier les raisons pour lesquelles les individus ont agi avant de réagir. De même, il est important d'identifier le renforçateur qui permettrait au comportement de se répéter ou qui encouragerait le médisant à continuer de médire. Dépendamment du contexte, et des enjeux, nous agirons différemment.

Dans les contextes qui contraignent les protagonistes à se rencontrer, il est important d'agir sur la cause en premier. Comprendre l'origine du problème pour s'en débarrasser efficacement et à long terme devient primordial pour le maintien de relations harmonieuses. Pour des personnes qui ne sont pas assez proches de nous, il peut être adéquat d'agir davantage sur la paie et sur l'image sociale par la suite. Le contexte, la personne, le moment, les moyens dont on dispose et d'autres facteurs liés à la situation doivent nous amener à choisir adéquatement l'attitude à adopter.

Face à des personnes narcissiques, il faut agir avec elles davantage comme des personnes qui ont besoin de notre aide qu'autrement. Bien que ce profil de personne ait le don de dire des choses très blessantes et déshonorantes, pour se sentir bien et supérieures, il faut garder en tête qu'elles sont en détresse. Cette posture aide aussi à vivre plus facilement la situation et à passer au travers l'esprit apaisé.

Lorsqu'on se rend compte que des ragots ont été propagés à notre sujet, et qu'on sait de qui ils viennent, au travail, on peut essayer de démontrer à la personne qu'on la perçoit, nous, autrement. On lui démontrera qu'on souhaite sa réussite dans le but de la rassurer. Lorsqu'on ne connaît pas la personne à l'origine des propos, il nous reste à agir simplement sur l'image sociale en démontrant au quotidien exactement le contraire de ce qui est propagé tout en ignorant les manœuvres autour.

Dans plusieurs cas, le fait de confronter la personne qui colporte les ragots en lui exprimant notre mécontentement peut suffire à arrêter le phénomène. La honte, l'embarras et le déshonneur d'une confrontation peuvent donner l'effet contraire d'un renforçateur. Il s'agit d'une « punition ». Cette dernière, contrairement au renforçateur, baisse la probabilité d'apparition d'un comportement, car elle est accompagnée de sentiments et sensations désagréables. Si dans un milieu de travail, par exemple, on choisit de réprimander devant tous la personne instigatrice de ragots, et même de lui donner un avertissement, il est fort probable qu'on ne l'y reprenne plus. Tout aussi probable que cela serve de leçon à ceux qui pourraient être tentés de médire aussi. Nous pouvons utiliser des « punitions » de natures différentes, mais il demeure important de les choisir en fonction du contexte et de ne pas en abuser.

Sur les réseaux sociaux, tout dépend du contexte et de la nature des allégations. Toutefois, en général, il y a trois façons de réagir:

- Ne pas répondre et laisser les autres le faire pour nous, car sur les réseaux sociaux, on trouvera toujours quelqu'un qui viendra nuancer les propos avancés.

- Répondre clairement et directement aux allégations en donnant sa version des faits.

- Répondre de façon indirecte sans toutefois donner de l'attention aux auteurs des rumeurs. Ex. : la rumeur court que je suis à Paris, je poste une photo de moi à New-York avec des amis.

Il est difficile d'énumérer tous les contextes, mais, quel qu'il soit, il est important de prendre le temps de réfléchir posément à sa réaction. Il faut cependant avouer qu'il existe des contextes où la victime ne peut rien faire de particulier sur le moment. Elle doit alors compter sur le temps pour rétablir partiellement ou totalement son image sociale. N'oublions pas, pour terminer sur cet aspect, que des recours légaux sont mis à la disposition de chacun pour se défendre dans ces situations.

Le principe du compte bancaire affectif

Le concept du compte bancaire affectif repose sur le fait que chacun d'entre nous a, dans une relation donnée, un compte affectif similaire à un compte en banque. Dans ce dernier, il se fait des dépôts et des retraits comme nous le faisons dans un compte bancaire usuel. Chaque action que nous posons dans une relation va faire en sorte que la personne avec laquelle nous sommes en relation fasse un retrait ou un dépôt dans le compte affectif qui y est relié. Ainsi, chaque fois qu'un individu nous dit une parole gentille, ou pose un acte bienséant, il y a un dépôt bancaire dans le compte affectif. De la même façon, une parole méchante, des actes qui nous irritent font automatiquement des retraits sur le compte affectif. Des personnes qui ont partagé plusieurs bons souvenirs, qui ont traversé des épreuves ensemble auront un compte affectif plein et une parole méchante ou une action méchante au passage ne les mettront jamais à découvert ou dans le rouge. Simplement parce que le compte est assez plein pour que les retraits ne mettent pas en danger la relation. De la même façon, lorsque le compte est déjà à découvert depuis longtemps, un dépôt de gentillesse ou des efforts de bonnes actions peuvent ne pas influencer véritablement la relation et la maintenir dans le rouge. Les relations humaines sont ainsi influencées par ces comptes affectifs qui se remplissent et se vident au gré de nos comportements vis-à-vis d'autrui. Une maman, par exemple, à cause de son lien qui lui a permis de faire des dépôts dans le compte affectif de son enfant depuis sa naissance, aura une crédibilité et une considération aux yeux de l'enfant devenu adulte qui sera difficile d'égaler.

La médisance est une pratique qui fait de très gros retraits sur le compte affectif de la victime. Cela peut même nous placer sous interdit bancaire dès son premier usage. Pensons-y !

Sans espérer qu'on devienne des anges et qu'on ne nous y prenne plus jamais, il existe des principes simples et efficaces que nous pouvons appliquer au quotidien pour éviter de nous retrouver impliqués dans la posture de celui qui médit :

Penser aux impacts avant de parler

La plupart des gens ne prennent pas la peine de se demander quelles peuvent être les conséquences de leurs paroles. Elles ne songent pas à ce que va ressentir la personne visée lorsqu' elle l'apprendra. Bien qu'elles savent que l'information finira souvent par arriver aux oreilles de la victime. Puis-je assumer mes paroles devant la personne visée ? Suis-je prêt à arrêter de fréquenter la personne si jamais il y a un conflit ? Les cinq minutes de gloire que j'ai sur le champ valent-elles mieux que les conséquences de mes paroles ? Le fait d'avoir cette réflexion à chaque fois qu'on veut parler de quelqu'un d'autre peut nous amener à abandonner plusieurs de nos projets de commérage. Sauf, bien entendu, si le but visé est clairement de faire du mal; à ce moment-là, d'autres solutions devront s'appliquer à cette décision peu louable.

Éviter de véhiculer des informations sans preuve

Il est essentiel de s'assurer d'avoir la preuve de nos dires avant de répandre des rumeurs. Ainsi, il est important d'éviter de répéter tout ce qu'on entend sur autrui comme un perroquet si on ne nous en a pas donné la preuve. Certaines personnes mal intentionnées nous utilisent pour répandre des rumeurs. Ex : dans une classe, Lili veut dire de Julia qu'elle est une voleuse et souhaite surtout que le professeur l'apprenne. Lili ne va pas voir directement le professeur. Elle s'arrangera pour le dire à une élève qui est bien plus proche de l'enseignant qu'elle, en espérant que celle-ci le répètera à ce dernier; ainsi, elle ne sera pas directement incriminée s'il y a un problème. Plusieurs adultes utilisent cette stratégie pour éviter d'être démasqués comme auteurs d'un potin. Ils ciblent des personnes dans l'entourage qui soit n'apprécient déjà pas la victime, soit sont disposées à répandre la nouvelle. Il est ainsi difficile lorsqu'il y a un problème de remonter jusqu'à ces personnes, car il peut y avoir deux, trois, quatre paliers de personnes avant d'arriver à elles.

Ne pas rabaisser les autres

Il est important d'être honnête avec soi-même. Évitons de rabaisser systématiquement des personnes que nous envions ou admirons secrètement par des calomnies, dans le but d'élever notre personne. Sachons reconnaître les talents des autres, car cela n'enlève rien aux nôtres. Retenons surtout que le bonheur d'un autre ne nous empêche pas d'être heureux à notre tour. Il existe des amitiés ou des relations qui s'effritent lorsque le statut de l'un change en bien par un mariage, une promotion, un nouvel emploi... Certaines personnes ont du mal à continuer d'aimer un ami ou un proche qui réussit. Apprenons à nous réjouir du bonheur des autres, car c'est ainsi que nous pourrons mieux savourer notre propre bonheur.

Fuir la compagnie de certaines personnes

Il est primordial d'éviter les amis ou les proches qui sont toujours mécontents des autres et qui crachent du venin en parlant dans le dos des gens. Ne nous y trompons pas, lorsque nous sommes absents, nous subissons le même sort que les personnes qu'ils calomnient devant nous. Faisons donc attention à ces gens qui n'aiment personne à part elles-mêmes. Lorsqu'on constate que, malgré nos tentatives de les ramener à la raison elles persistent sur le chemin du commérage, évitons de nous faire contaminer par leur énergie négative. Abreuvons-nous à d'autres sources, saines et positives.

Trouver des qualités aux autres

S'il est vrai que chacun a un défaut, il est tout aussi vrai que chacun a au moins une qualité; alors, avant de dire le défaut d'une personne, assurons-nous d'avoir dit au moins deux de ses qualités. Cette pratique nous permet de voir la personne au travers d'autres lunettes. En songeant à cette personne d'un point de vue positif, nous serons davantage enclins à l'aider plutôt qu'à l'enfoncer.

Éviter d'avoir un intérêt prononcé à savoir ce qui se passe dans la vie privée des autres

Souhaitons-nous que Monsieur tout le monde soit au courant des détails de nos vies ? Chacun de nous a un fait peu glorieux de sa vie qu'il ne souhaiterait pas ébruiter. Même pour les plus bavards, et les plus sincères, toutes les informations ne sont pas toujours bonnes à révéler. Contrairement à ce que l'on peut croire, il peut s'agir aussi de bonnes nouvelles qu'on ne souhaite pas forcément diffuser à un moment précis. Pensons aux stars qui se donnent un mal fou à cacher leurs mariages ou leurs grossesses. Il ne s'agit pas de mauvaises nouvelles, mais il n'est pas opportun pour ces personnes de divulguer ces informations à ce moment précis. Alors, pourquoi sommes-nous si souvent prompts à chercher des informations sur les autres ? Quelle médaille en retirons-nous mis à part nous embarquer dans le négatif ? Car, ce sont très souvent des mauvaises nouvelles qui ont du succès. Laissons le droit aux gens d'avoir leur petit jardin secret.

S'exclure des conversations malsaines

Il est important de cultiver l'habileté à arrêter les conversations de commères ou à s'en soustraire. Le phénomène du commérage de groupe fait en sorte qu'il est difficile de rester silencieux lorsque le reste du groupe fait du commérage. Comme nous l'avons déjà souligné, celui qui ne dit rien suscite la méfiance puisque les commères ont peur de se faire juger ou que leurs paroles soient rapportées par ce dernier. Ainsi, même les personnes qui n'ont pas l'habitude de cet exercice vont se retrouver en train de coopérer pour ne pas être perçus par le reste du groupe comme un potentiel traître. Il est conseillé, dans ce cas, de soit nommer son malaise d'une façon ou d'une autre, soit de se soustraire de la confidence collective. Peu importe l'option retenue, il est important que les autres comprennent que le commérage ne nous intéresse pas. Il est même suggéré de demander aux commères de s'adresser directement à la personne concernée au lieu de nous en parler.

Trouver des sujets de conversation neutres

Il est préférable d'éviter de parler des personnes de notre entourage et de trouver des sujets de conversation constructifs, édifiants, qui permettent d'aller de l'avant dans la vie, de faire de nouveaux apprentissages ou de s'épanouir. On trouve, certes, du plaisir à parler dans le dos des personnes, mais ce plaisir éphémère est lourd de conséquences. Pourtant, les bénéfices d'une conversation constructive peuvent changer positivement le cours d'une vie.

Sensibilisation en entreprise

En contexte de travail, favoriser la sensibilisation au phénomène et aux impacts de ce dernier. Le fait d'en parler est déjà une barrière efficace. Il est important que la culture organisationnelle soit clairement contre ce type de pratiques. De plus, il est rassurant pour les employés de savoir que la hiérarchie en est consciente et sait que ce phénomène peut prendre des formes variées, et fragiliser ses travailleurs. Mettre en place des ressources chargées du support des individus et du suivi de ce type de situations dans l'organisation suffirait à tuer dans l'œuf plusieurs velléités.

Prendre conscience qu'on est tous en devenir

Nous nous devons de prendre conscience qu'après tout, on est tous humains. Qu'on a tous des limites et que nous devons davantage travailler à nous améliorer nous-mêmes qu'à changer les autres. Travaillons sur nous en premier, devenons chaque jour une meilleure personne que celle qu'on était hier. Il existe des personnes qui s'occupent tellement des affaires d'autrui qu'elles finissent par s'oublier. Elles critiquent les enfants des autres, colportent les malheurs des autres, et oublient les leurs. Avant de s'occuper de la vie des autres, travaillons à faire de la nôtre un chef-d'œuvre.

Le concept du commérage positif

Au lieu de parler en mal des personnes, apprenons à parler en bien des gens autour de nous. Faire des compliments, ressortir leurs qualités en les valorisant. Sans tomber dans la flatterie, il est important de répondre au commérage par du positif. Le temps joue en faveur de celui qui fait du commérage positif. Lorsque nous apprenons ou que nous remarquons qu'une personne fait du commérage à notre endroit, commençons automatiquement à parler en bien de la personne auprès des mêmes protagonistes. L'effet recherché par la commère va automatiquement s'inverser en notre faveur. Les dires de la commère seront de plus en plus perçus comme de l'acharnement et les gens ne nous jugeront plus avec la même dureté. Du même coup, nos relations sociales vont s'améliorer et nous pourrons tirer le meilleur de la situation.

CONCLUSION

Au final, le commérage est communément reconnu comme étant mal. Il convient de dire qu'il s'agit d'un phénomène négatif, destructeur et improductif. Dans l'une de ses allocutions, un homme d'église a dit que, le commérage, les ragots sont des armes qui assaillent chaque jour la communauté humaine. Ils sèment jalousie, haine, envie et avidité de pouvoir. À cause de ces fléaux, les humains peuvent en arriver à s'entredéchirer et à se tuer.

Des livres saints, comme la bible, mentionnent à plusieurs reprises les effets d'une langue médisante. Il y est souligné que, malgré sa petite taille, la langue peut faire de gros dégâts. Elle relève aussi la difficulté à la maîtriser et à la dompter.

Force est de constater que le changement, lorsqu' on a l'habitude du commérage, doit venir de l'intérieur et non de l'extérieur de la personne. En citant encore la bible, nous dirons que la bouche parle de l'abondance du cœur. Ce qui sort de notre bouche est le fruit de ce avec quoi on nourrit nos pensées. La source à laquelle s'abreuve notre homme intérieur, déterminera la nature de nos paroles. De ce fait, se demander vers quoi nous dirigeons nos pensées, vers quoi se porte notre attention quotidienne est très important, pour commencer à agir sur la nature de nos paroles.

Ainsi, cette analyse nous questionne davantage sur nous-mêmes. Elle remet en question une façon établie de socialiser et les mécanismes pervers du vivre ensemble. Elle nous interpelle, nous questionne et nous éveille.

Parler de la médisance, c'est parler de la relation que notre moi intérieur entretient avec autrui. Mon moi est-il assez fort et construit pour vivre en harmonie avec autrui malgré ses imperfections ? L'idéal d'un monde qui est rythmé et connecté à ma réalité individuelle est-il envisageable ?

Comprendre la médisance, c'est éclairer notre conscience sur ce qui nourrit nos réflexes de rapporteurs. Ma perception d'autrui est-elle insécurisante ? À quel moment mes mécanismes de défense se mettent-ils en branle face à mon semblable ? Cacher ma fragilité revient-il à exposer celle d'autrui ?

Trouver des solutions ou des mécanismes de substitution au colportage revient à participer à l'effort de nous humaniser davantage et à prendre le risque d'être les acteurs d'une société meilleure. Pourquoi le changement devrait-il passer par quelqu'un d'autre que moi? En quoi puis-je participer à améliorer mon monde ? N'est-ce pas le meilleur choix que de devenir l'instigateur d'un changement positif de la posture sociale ?

En définitive, apprenons à respecter tous ceux qui nous entourent sur la base première de leur humanité. Tenons compte de la spécificité de l'autre, tout en demeurant authentiques envers nous même.

BIBLIOGRAPHIE

Comment se faire des amis et influencer les autres ? (1936), Dale Carnegie.

Les 7 habitudes des gens efficaces. (1989), Stephen Covey.

Dénouer les conflits par la communication non violente. (2006), Marshall B. Rosenberg.

L'art de la réconciliation : Respecter ses besoins et ceux des autres. (2010), Marshall B. Rosenberg.

Comportements agressifs et retard mental : compréhension et intervention. (2001), l'abbé Y, Morin D.

Le pouvoir des habitudes : changer un rien pour tout changer. (2012), Charles Duhigg.

Les 5 clés pour gérer les conflits au travail. (2015), Alex Fébo.

Vaincre la jalousie. (2004), Béatrice Guernier, Agnès Rousseau.

La bible, version Louis Second.